SOUVENIRS

D'UN OFFICIER FRANÇAIS.

Éclaireur des Monts Atlas

convenable pour la Campagne d'Alger

SOUVENIRS

D'UN

OFFICIER FRANÇAIS,

PRISONNIER EN BARBARIE

PENDANT

LES ANNÉES 1811, 1812, 1813 ET 1814.

SITUATION CIVILE ET MILITAIRE DE CE PAYS, MŒURS, GOUVERNEMENT, ARMÉE, POSITIONS MILITAIRES, PRODUCTIONS INDIGÈNES, CLIMAT, MOYENS DE S'EN RENDRE MAÎTRE ET DE S'Y MAINTENIR, PLAN D'ATTAQUE, DE CONQUÊTE ET DE COLONISATION, PROJET D'ORGANISATION D'UNE ARMÉE D'EXPÉDITION, STRATÉGIE NOUVELLE ET SEULE PRATICABLE POUR ASSURER LE SUCCÈS DE CETTE ENTREPRISE.

OUVRAGE INDISPENSABLE AUX MILITAIRES

DE TOUS GRADES ET DE TOUTES ARMES QUI FERONT PARTIE DE L'ARMÉE D'EXPÉDITION D'ALGER.

Par M. Contremoulins, P. M., de Nantes,

CAPITAINE EN CONGÉ ILLIMITÉ.

PARIS,

CHEZ

ANSELIN, Libraire, rue Dauphine, n. 9.

DELAUNAY, Libraire, au Palais-Royal, galerie Vitrée, nos 142 et 143.

DELANGLE frères, place de la Bourse.

Et chez l'AUTEUR, boulevart de la Madeleine, n° 25.

1830.

IMPRIMERIE DE DAVID,
BOULEVART POISSONNIÈRE, n° 6.

INTRODUCTION.

Mon voyage en Barbarie, le long séjour que j'y ai fait, tiennent à des circonstances vraiment extraordinaires. L'état dans lequel je m'y suis trouvé m'a mis en relation continuelle avec les chefs de l'armée algérienne, et trois années passées au milieu d'eux m'ont mis à même de les observer et de les bien connaître.

Prisonnier de guerre des Espagnols en 1811, après le déblocus de Badajoz, je fus conduit au quartier-général de l'armée espagnole, et bientôt après à celui de *Portalègre*, enfin à Lisbonne, puis ramené en Espagne. Je n'avais pu dissimuler mon juste ressentiment des indignes traitemens dont mes compagnons d'infortune et moi étions victimes, je m'en plaignis hautement. Mes plaintes me valurent la réputation de mauvaise tête; on craignait que je ne projetasse de m'évader, et certes, on ne se trompait pas; et c'était pour me mettre en lieu plus sûr que l'on m'envoya à Cadix. Là, du moins, on espérait rendre inutile toute espèce d'entreprise de ma part. La belle réputation que je devais à la pusillanime brutalité de mes gardiens m'avait fait nommer par eux *tête de fer* (*cabeça de hiero*).

Mon dessein était arrêté, et j'étais résolu de m'exposer à la mort même, plutôt que d'avoir à supporter chaque jour de nouvelles avanies. J'associai à mon hardi projet quelques officiers détenus comme moi au fort *San-Sebastiano*. Qu'importe à mes lecteurs les détails des moindres circonstances de notre évasion, il leur suffira de savoir que, sans relations au dehors, nous n'avions pu nous y ménager les moyens de nous éloigner à une grande distance.

Arrivés au bord de la mer, nous aperçûmes une barque de pêcheur stationnée

sur un point assez éloigné; nous nous jetâmes
à la nage, et nous parvînmes, non sans peine,
à l'atteindre et à nous en rendre maîtres; il
était temps, nous étions exténués de fatigue.
Nous cinglâmes vers la côte de Barbarie; mais
ballottés par une mer houleuse, nous voyons
à chaque instant un nouveau gouffre; notre
léger esquif flottait au gré des vagues, l'ho-
rizon se rembrunissait, tout annonçait une
horrible et imminente tempête. Nous délibé-
rions, tout en travaillant à nous maintenir
dans notre frêle embarcation : nous n'avions
pas le choix des moyens, et nous résolûmes
de passer le détroit de Gibraltar.

Déjà nous avions dépassé les pointes de
Tanger et de Tariffa, quand l'apparition d'un
corsaire portant pavillon espagnol, et surtout
le mauvais temps, nous forcèrent de nous jeter
à la côte, presqu'en face de Gibraltar.

A peine avions-nous mis pied à terre, que
nous nous vîmes environnés, assaillis par une
multitude de Maures. Épuisés de fatigue et de

besoin, et sans armes, nous ne pouvions opposer la moindre résistance. Les barbares nous entraînèrent dans l'intérieur des terres; ils ne dissimulaient pas leur dessein, ils étaient déterminés à nous vendre comme esclaves, ou à nous tuer, s'ils ne pouvaient trouver d'acheteurs. Nous marchions ainsi depuis plusieurs jours, lorsque nous trouvâmes enfin l'occasion de faire parvenir une lettre au consul-général de France près du gouvernement de Maroc. Il fut notre libérateur; les Maures furent contraints d'abandonner leur proie. M. le consul-général nous fit conduire à Tanger, où ses secours pourvurent aux premiers besoins qu'exigeait notre position.

Je restai dans ce pays jusqu'en juin 1814, époque où M. Ménard-Laforge, capitaine de vaisseau commandant la frégate la *Junon*, arriva avec la mission de faire reconnaître le gouvernement du Roi et la chûte de l'empire. Il voulut bien nous recevoir à son bord et nous conduisit à Toulon.

C'est pendant un séjour de trois années en Barbarie que j'ai appris à connaître ce pays, ses mœurs, son gouvernement, sa puissance militaire, et c'est le résultat de mes observations et de mes études que j'offre aux braves appelés à affranchir la France et l'Europe de la domination insolente et féroce des forbans africains.

Je laisse à d'autres les descriptions topographiques, les détails de la vie domestique, les coutumes civiles et religieuses, telles qu'on les lit dans toutes les relations des voyages, vrais ou supposés.

Je dirai ce que j'ai vu. Je ne me propose qu'un but essentiellement militaire. Je dirai, avec la franchise d'un vieux soldat, ce que je crois utile au succès de l'expédition, les moyens d'en assurer le succès et de rendre durables les résultats de la conquête de ces fertiles contrées, trop peu connues, et que j'ai eu tous le temps de bien observer.

SOUVENIRS

D'UN

OFFICIER FRANÇAIS.

----

§. Ier.

*De la nécessité et de la justice de l'expédition
projetée.*

Les intérêts du commerce entre les peuples
des deux mondes, la nécessité de purger les
côtes d'Afrique des pirateries d'un peuple for-
ban, la liberté des mers, l'indépendance et
l'honneur des gouvernemens européens, ré-
clament en vain, depuis plusieurs siècles, la
répression du plus honteux, du plus scanda-
leux brigandage. De nombreuses tentatives
ont été essayées pour atteindre ce but. Leurs
résultats n'on fait que suspendre pendant un
court intervalle l'humiliante et désastreuse
domination des forbans africains. Quelques

bombes lancées sur Alger n'ont eu pour effet que la destruction plus ou moins complète de quelques bâtimens armés par cette population de pirates, et auxquels on a donné pompeusement le nom de flotte algérienne.

Toutes ces expéditions n'ont eu aucun succès réel : si celle de lord Exmouth a réussi, elle n'a dû ce succès qu'à la trop grande promptitude du dey à consentir aux conditions du lord anglais, qui, un peu plus tard, aurait fui honteusement la plage d'Alger, après avoir perdu plusieurs de ses bâtimens, qui étaient foudroyés par les batteries du port.

Le dey s'était d'abord laissé intimider par un mouvement assez prononcé de mécontentement de ses propres soldats.

Depuis long-temps les puissances chrétiennes auraient dû prendre la noble détermination de soustraire aux vexations de cette poignée de pirates le commerce de l'Europe, et d'affranchir les monarques chrétiens du honteux tribut que leur imposèrent les deys d'Alger, de Tunis ou de Tripoli.

Cette détermination semble être prise enfin, et c'est la France qui en aura la gloire. Puisse cette résolution avoir un plein succès ! puisse l'énorme dépense que va nécessiter une expédition montée sur un *grand cadre*, ne point tromper l'espérance qu'on a droit d'en attendre, et ne pas rendre inutile le sacrifice de tant de dépenses, et le sacrifice plus grand encore du sang de milliers de braves appelés à combattre pour une si belle cause !

Il ne s'agit pas seulement de venger un outrage, il faut affranchir la Méditerranée de la piraterie des Algériens; il faut s'emparer d'Alger, s'y maintenir, s'y fortifier du côté de terre comme du côté de mer, s'emparer d'une portion de pays plus ou moins grande, selon la facilité que les localités peuvent offrir pour établir une première ligne de défense, et s'assurer la possession certaine et durable d'un point si essentiel pour la liberté du commerce dans cette mer. Maître de ce point, on pourrait surveiller toute la côte d'Afrique, depuis Tripoli jusqu'à Tanger. L'empereur de Maroc et les deys de Tunis et de Tripoli seraient tenus en respect, et ne pourraient tenir la mer que pour commercer.

§. II.

*Moyens d'exécution. Stratégie nouvelle et spé-
ciale. Guerre de partisans.*

On se fait en Europe une idée d'Alger bien
fausse et très-exagérée : cette ville est fortifiée
à la vérité, mais elle ne peut résister à une
attaque bien combinée, sagement conduite,
et à une persévérante volonté de s'en rendre
maître. L'attaque par mer ne sort pas des
règles ordinaires d'un bombardement, mais
celle par terre demande une tactique hors des
règles de la stratégie européenne.

Les localités défendent un siége conduit
d'après les principes du génie militaire,
ce seraient des hommes et du temps perdus.
C'est une attaque brusque qu'il faut. Débar-
quer, voir l'ennemi, courrir dessus, le
vaincre, voilà tout le secret : c'est par la tactique de son ennemi qu'il faut le battre ; employer les moyens qu'il met lui-même en usage

en pareille circonstance, est s'assurer le succès ;
l'étonner enfin, le surprendre, le succès est
à ce prix. Tout autre système n'aurait d'autre
résultat que celui des expéditions si souvent
et si inutilement tentées.

La descente effectuée, il ne faut pas s'attendre à une bataille, ces misérables en sont
incapables : ils ne se doutent pas de l'ordre et
de la discipline, ils ne sont pas même armés
régulièrement ; toute leur force est dans leur
vanité et leur fanatisme ; ils se croient la première nation du monde. Mais cette guerre,
qui ne peut être longue, ne sera qu'une guerre
de tirailleurs, la difficulté du terrain leur en
fait une loi ; ils ne connaissent pas d'autre
façon de combattre, ils ne le peuvent pas : le
le pays est montueux, hérissé de rochers, et
couvert de bois et de broussailles ; il n'y a
pas de route où l'on puisse traîner une pièce
de quatre ; l'artillerie ne peut servir que sur
la côte ou à la défense de quelques fortins
que l'on pourrait établir, et dans lesquels on
conduirait avec beaucoup de peine quelques
pièces ; ce serait enfin un diminutif des difficultés du passage du mont Saint-Bernard !....

Officier français, j'ai été fait esclave par les

Maures; réclamé par le consul français, je suis resté dans le pays jusqu'en 1814. J'ai, autant par penchant naturel que par curiosité, toujours fréquenté les hommes de guerre de ce pays; ils m'ont conté mille batailles, et ces mille batailles n'étaient que de misérables escarmouches dont je ne pouvais que rire. Quand je leur représentais que le plus mauvais soldat européen valait leur plus valeureux guerrier, et que moi, capitaine commandant 100 hommes, j'aurais battu en moins de deux heures un alkeir algérien commandant 5 à 10,000 hommes, un guerrier fameux me conta comme un prodige de valeur d'avoir usé deux livres de poudre en trois jours de combat. Je leur développai mon système; ils paraissaient un moment incrédules, mais je parvins à les convaincre. Ils reconnaissaient la supériorité de notre tactique.

Vingt mille hommes pour cette expédition, beaucoup d'infanterie, peu de cavalerie, et n'employer que la cavalerie légère, très-peu d'artillerie et de petit calibre.

L'infanterie française est certainement une des mieux organisée de l'Europe, mais son habillement, son armement, son équipement ne conviennent nullement pour faire la guerre avec succès en Barbarie.

Je suppose que l'expédition se compose de 15,000 fantassins; je prendrais dans ces 15,000 hommes 5000 soldats de bonne volonté, bien dispos, susceptibles de soutenir des marches de quinze à seize lieues par jour; je les voudrais vigoureux, alertes, et pouvant franchir fossés et rochers; j'en formerais huit bataillons de 630 hommes chacun. Je ferais commander cette troupe par des officiers choisis, et dont la bravoure secondât une capacité éprouvée.

§. III.

Armement des officiers, sous-officiers et soldats.

Je les armerais d'une carabine à baïonnette de deux pieds de long et à deux tranchans, qui serait portée comme un sabre, tenue par un ceinturon à boucle; ce ceinturon porterait en même temps une giberne percée pour trente cartouches (trois paquets); ils seraient en outre armés d'un pistolet de calibre, mais aussi court et léger que possible. La carabine, le pistolet et la douille de la baïonnette-sabre seraient bronzés, canons et batteries; on pourrait y joindre une légère hache d'arme qui serait portée comme celle de nos sapeurs. Il y aurait vingt carabines carabinées par compagnie, dont treize pour les sergens et caporaux, et sept données à pareil nombre de soldats distingués.

Les sous-officiers et caporaux auraient éga-

lement un cornet de petite forme, pour donner les signaux et y repondre de nuit, et quand
on fouille une forêt ou pays couverts, donner connaissance de la ligne qu'occupent les
postes, soit pendant la nuit ou un temps couvert,
enfin donner connaissance promptement du
mouvement de l'ennemi et de tout ce qui
peut intéresser l'armée et nécessiter quelques
mesures.

Messieurs les officiers seraient armés du
sabre, d'une paire de pistolets avec giberne de
cavalerie légère; il serait dans l'intérêt de
leur propre défense de porter, soit la carabine, soit un fusil de chasse à deux coups.

§. IV.

Habillement.

L'habillement serait composé d'un gilet rond croisé et descendant jusqu'aux hanches, un pantalon large et plissé attaché au-dessus de la cheville du pied, ouvert en avant par cinq boutons. Cet habillement serait en bon drap, pour être plus léger et être moins vite pénétré par la pluie ; un manteau ou capote longue pour le service de nuit.

Les nuits sont froides et humides dans ce climat : un chapeau rond en bon feutre imperméable, à forme un peu basse et rebords saillans de trois pouces ; un carnier en cuir porté en chasseur serait son havresac ; son ordonnance serait deux paquets de cartouches, un tournevisse, une chemise, une paire de souliers, une paire de demi-guêtres en bonne toile grise, un pantalon blanc en toile ou coton, un col et deux mouchoirs de poche :

toute autre charge serait expressément dé-
fendue et sévèrement réprimée.

Le ministre de la guerre déciderait la cou-
leur de l'uniforme, l'espèce de parement et
colet; le vert foncé ou bronze étant moins
voyans semblent devoir être préférés, comme
aussi des agrémens, comme épaulettes, plu-
mets, etc. Cette troupe d'élite porterait la
grenade et le cor de chasse. Quant à la
solde, en raison d'un service actif et périlleux,
le gouvernement en déciderait, comme aussi
des récompenses.

§. V.

Travailleurs.

Il faudrait joindre à cette troupe d'expédition un bataillon de travailleurs, commandés
par des officiers du génie de l'armée de terre
et de mer. Ce bataillon formerait quatre compagnies, de cent vingt-cinq hommes chacune,
des charpentiers, menuisiers, forgerons, meu-
niers, boulangers, ouvriers marins, maçons,
terrassiers, fondeurs, pontonniers, cordiers,
enfin de tous les états qu'exigeraient le génie de
guerre et les localités ; il serait convenable
d'armer ces hommes selon le service auquel
ils seraient appelés.

§. VI.

Complément de l'armée.

Le reste de l'armée d'expédition serait, d'après notre organisation ordinaire, en infanterie et cavalerie légère de préférence.

J'ai dit qu'il ne fallait pas châtier seulement les Algériens, qu'il fallait les battre et conserver le fruit de sa conquête. Autrement, après les réparations demandées et obtenues, ces barbares recommenceront quinze jours après, avec d'autant plus de violence qu'ils auront à se venger, persuadés qu'ils sont qu'il se passera bien des années avant qu'un des gouvernemens de l'Europe prenne de nouveau la détermination de sacrifier cent millions et plusieurs milliers de soldats, et compromette sa marine, pour obtenir de nouvelles et tout aussi ineficaces réparations.

§. VII.

Topographie. Positions militaires, etc.

Maître d'Alger, on peut presque sans oppo-
sition s'emparer des points sur la côte à l'est
d'Alger, jusqu'à Zirtal-Heile. Cette partie des
côtes, qui a environ 55 lieues, a plusieurs ports
qui, partant d'Alger, sont : Chrub-Ouchrub,
Dellys, ou Teddeles, Charffah, Tacksibt,
Sidi-Hamet-Ben-Iousef, Sidi-Daoud, Bujia,
ou Boudjeïah, Mansoureah, Djeddy, et Zirtal-Heile, qui est à 8 lieues de l'embouchure
de l'Ampsagas, fleuve désigné comme limite
du côté de l'est.

En remontant le fleuve Ampsagas, sur la
rive gauche, se trouve les points de Sidi-Bra-
ham, Hadjar-Hammar. Le long du fleuve, il
existe d'anciennes routes romaines, dans la
direction de l'emplacement de Constantine.

De Zirtal-Heile partent trois routes, dont
une longe la côte vers l'ouest ; les deux au-

tres se dirigent vers le mont Atlas-Minor, par Teftise montagne, et Setif ancien, point romain, d'où elles prennent différentes directions ; points de la ligne qui a pour se couvrir le fleuve Ampsagas, remontant vers le mont Atlas-Minor, par Souagah, prend ses trois sources qui, réunies, sont désignées sous le nom de Sigan dans le Mont, ou Djebel-Ziganeah et Djebel-Tenouteite : son embouchure à huit lieues de Zierta-Heile.

Les points sur la côte à l'ouest d'Alger partant de cette ville jusqu'à la frontière du Maroc, qui a à peu près cent lieues, offrent les ports de Sidi-Hallif, Sidi-Feruch, Kubber-Romeah, Teffesad, Sunnja, Dgiami-Imaïl, Cherchel ou Sersel, Bresk, Dahmouse, Vacour, Tniss ou Tennis, Calaat-Chimah, Rummet-Abiad, Magrouah, Hammisse, Mustaganin ou Mostagan, Sakkiah-Asenaria, Mustagennen, Massagran, Arzeou, Canastel, Oran ou Ouahram, Andalouse, Bradea, Zarena, Takumborit, Huneine, Tonoant-Artisiga.

Vers l'ouest, une ancienne route communiquant avec le Maroc, au sud de Ned-Roma, passant près Tremesen et traversant Mansourah, parcourt cinquante lieues à l'est, et delà

se dirige au nord vers Nejeddah et parallèle-
ment à environ vingt lieues de la côte.

Cette route entre Tremeson et Mansourah,
ouvre encore une communication avec Tef-
zra ou Tefezara (point dans la montagne),
et continue jusqu'à Jzli ou Zezil, au revers
de l'Atlas-Minor, continuant sa direction vers
Ouchda (empire du Maroc).

A l'ouest, le point d'appui serait Touoant-
Artisiga ; vers le sud, Ned-Roma, la continua-
tion du mont Beni-Zenessel, qui dans sa
profondeur touche au désert d'Angad, pour
adosser cette frontière au Maroc. La rivière
de Barbata prend sa source au sud de Ned-
Roma, au point Herpiditanien, et vient se
jeter dans la mer à Takumborit, à sept lieues
de Touoant-Artisiga ; la rivière de Tafna, sor-
tie de la même montagne près Zezil, confond
ses eaux avec celles de la rivière Sikack et
vient se joindre à la Barbata, à environ deux
lieues et demi de Takumborit.

Environ cent trente lieues de côtes, où il
existe trente-neuf ports, compris Alger, dont
dix à l'est, et vingt huit à l'ouest de la capi-
tale.

Profondeur, environ quarante lieues; adossé

au grand chaînon du mont Atlas. L'Atlas-Minor, qui s'étend de l'ouest à l'est, est à treize lieues de la côte et à environ vingt-six lieues du Grand Atlas ; il se rapproche de la mer à l'ouest d'Alger, surtout au point de Kulmetta, et à Oran il n'en est éloigné que de huit lieues.

Les deux flancs sont appuyés chacun par une rivière : à l'est le fleuve Ampsagas, dont les trois sources, réunies sous le nom de Sigan, prennent leur cours du mont Djebel Ziganeak ou Djebel-Tenouteite, son embouchure est à huit lieues de Zirtal-Heile ; à l'ouest, par la rivière de Barbata, qui prend sa source au sud de Ned-Roma, au point Herpiditanien, e^t vient se jeter dans la mer à Takumborit, à sept lieues de Touoant-Artisiga. La rivière de Tafna prend sa source dans le mont Atlas-Minor, près Zezil, et réunie à la rivière Sikack, vient se joindre à la Barbata, à deux lieues et demie environ de Takumborit.

Enfin, il est évident qu'il peut être facile de se rendre maître d'Alger, et de refouler le dey avec son armée, dont la force consiste principalement dans cinq à six mille Turcs, que l'on considère comme des espèces de janissaires ; le reste est la population, qui ne suit aucune règle militaire. Jusque sur la rive droite du fleuve Ampsagas, rien ne rend impraticable la possibilité de conserver ce qu'on aurait conquis ; beaucoup d'habitans resteraient, et un grand nombre de ceux qui auraient couru les chances de la guerre, voyant leur ancien maître et souverain réduit au tiers de son royaume, voyant d'ailleurs dans l'armée française la volonté fixe de tenir le pays, beaucoup reviendraient reprendre leurs travaux et leurs habitudes. Ne nous dissimulons pas qu'un grand nombre d'Algériens de marque ont voyagé en Europe, et surtout en France. C'est peut-être la portion d'Africains qui tend le plus à se civiliser.

§. VIII.

Population Juive.

A Alger, comme à Tanger, il y a un grand nombre de Juifs, et dans cette dernière ville la population est de six mille âmes, dont moitié Maures et moitié Juifs. La proportion est moindre à Alger. Les Juifs seuls travaillent et ont l'intelligence du pays; ils sont généralement riches, parlent presque tous Espagnol, n'aiment point les Maures parce qu'ils sont en quelque sorte leurs esclaves, et sont assommés par ces derniers pour *leurs menus plaisirs:* aussi beaucoup de Juifs deviennent renégats, mais non de bonne foi. Cette sorte d'habitans pourrait être de grande ressource pour les résultats de cette expédition; quelques co-religionnaires, de certaines dignités et Français, que l'on jetterait dans le pays, pourraient faire beaucoup de prosélites en faveur du vainqueur; et comme la portion juive a des liens d'intérêts et quelquefois d'affection

avec la portion Maure, il est probable qu'en
très peu de temps on parviendrait à s'assurer,
dans le pays même, de grandes ressources.

§. IX.

Point politique.

Les puissances de l'Europe verront-elles tranquillement un pareil établissement ? Cette question est tout à fait étrangère à un vieux soldat, qui ne connaît d'autre diplomatie que de défendre ce qu'il a conquis avec les mêmes armes qui l'ont fait conquérir..... Cependant, il est présumable qu'aucune nation ne pourrait en prendre ombrage, puisque c'est dans l'intérêt général de l'Europe qu'on affranchit le commerce de la Méditerranée des brigandages commis par cette poignée de forbans, toujours impunis.

Mais c'est un établissement au profit de la France !... Quelle est la nation de l'Europe qui ait jamais songé à convoiter aucun point de l'Afrique ? Oui, c'est un établissement français que l'on formerait !... mais sans autre but que celui d'affranchir le commerce de la Méditerranée. Et quand bien même la valeur et l'activité française fertiliseraient ce morceau de terre d'environ cent lieues carrées, ce ne serait jamais qu'une récompense bien acquise, par le motif même qui en aurait commandé la conquête; ce ne serait que la juste indemnité des dépenses qu'aurait occasionné un pareil établissement. L'Angleterre seule, jalouse de toute opération qui n'est pas sienne, pourrait s'y opposer; mais n'a-t-elle pas un point formidable tout près cette côte (Gibraltar)? D'ailleurs, ce gouvernement a-t-il jamais contesté au gouvernement d'Espagne la possession de Ceuta ?.... Les Anglais seuls peuvent murmurer, parce qu'ils sont jaloux d'une domination qu'il ont usurpée; mais ils sont sans intérêt dans cette affaire. La possession de Gibraltar et de Malte, jointe à leur marine formidable, fait que leur pavillon est suffisamment respecté; leur commerce n'a pas besoin d'une expédition aussi philanthropique que nécessaire aux autres nations de l'Europe.

Puisse mon opinion être accueillie par les hommes qui président aux destinées des peuples! J'ai émis mon vœu, dans la plus grande conviction et après de longs services, vingt et un ans de grade de capitaine (dont quinze en congé illimité). Je rentrerais avec joie dans les rangs de nos jeunes braves, pour participer à une aussi noble, à une aussi belle expédition.

§. X.

Economie politique. Agriculture.

Ce serait une erreur que de penser que le territoire de la régence d'Alger serait une mauvaise acquisition sous le rapport de ses productions. On pourrait, dans toute la vérité de l'acception du mot, le désigner sous la dénomination de la Terre promise.... Toutes les productions de l'Europe, comme celles de l'Amérique, peuvent y être cultivées avec le plus grand succès.. Les naturels ne font que gratter la superficie et ils obtiennent des récoltes abondantes; ils n'ont aucune connaissance de l'agriculture, ils ne connaissent pas l'usage des instrumens nécessaires et les plus grossiers; ils ne font pas même usage de la charrue, et le sol leur rend au centuple ce qu'ils lui confient sans art et sans effort. Que serait-ce donc si l'agriculture européenne, qui a fait tant de progrès, était appliquée à une terre aussi féconde?

Ce pays est arrosé par trente et un fleuves et rivières, depuis la frontière du Maroc jusqu'au fleuve Ampsagas, qui tous portent leurs eaux à la mer, après avoir reçu une immense quantité de petites rivières qui fertilisent le pays et rendent les communications si faciles pour le transport des productions sur les différens points pour l'exportation. Une grande partie des terres situées entre la mer et la chaîne de l'Atlas-Minor sont susceptibles de la culture des cannes à sucre, cotonniers, cafés, etc.

De l'autre côté de cette chaîne de montagnes, et jusqu'au pied du grand mont Atlas-Major, cette culture serait encore plus productive : le cacaotier, l'indigotier peuvent parfaitement s'y acclimater, à plus forte raison encore de l'autre côté du grand mont Atlas. La vigne y produirait le plus excellent vin; il ne faut que des bras et des connaissances agricoles pour rendre ce pays le plus riche et le plus abondant de tous.

Les chevaux, dont l'excellence nous est connue, y sont en quantité prodigieuse. Les

animaux à cornes y sont par bandes, et telle-
ment multipliés, qu'un bœuf dans ce pays ne
vaut que cinq ou six piastres (vingt-cinq ou
trente francs.) Les bêtes à laine y sont petites, mais leur toison est riche par la qualité
et la quantité, et cependant rien n'a été fait
pour leur éducation; la nature, malgré le
défaut de soins, produit toutes ces différentes
sources de richesses. Les fruits de toutes espèces couvrent le sol; leur abondance prodigieuse en fait négliger la récolte. Les forêts
sont immenses et peuvent fournir les plus
beaux bois de construction, tant pour le besoin des établissemens du pays, que pour la
construction maritime.

Les pâturages y sont dans un printemps
perpétuel, à cause de la non interruption de
rosées abondantes qui ont lieu toute la nuit,
et comme elle est toujours de sept heures de
durée, ce temps suffit pour tenir la terre dans
un état de fraîcheur qui lui rend tout à fait
inutiles les pluies qui sont nécessaires dans
notre climat.

Ce pays serait la meilleure des colonies que
la France a pu conserver; il lui tiendrait lieu de
celles que les circonstances lui ont fait perdre.

§. XI.

Composition de l'armée d'expédition. —Corps des éclaireurs d'Afrique.

Cadre d'organisation, cinq mille quatre-vingt-quatre hommes formant deux régimens de deux mille cinq cents quarante hommes chacun, officiers compris, sous la dénomination *d'éclaireurs d'Afrique.*

Quatre bataillons par régiment de six cents trente hommes chacun, officiers compris.

Quatre compagnies par bataillon, de cent cinquante-sept hommes, officiers compris :

628 hommes.

2 armuriers.

———

630 hommes.

ÉTAT-MAJOR.

———

Un colonel.

Un lieutenant-colonel.

Quatre chefs de bataillon.

Un adjudant-major.

Quatre adjudans sous-officiers.

Huit armuriers, (deux par bataillon).

Un chirurgien-major.

Deux aides-majors.

Deux sous-aides.

Un aumônier.

Un quartier-maître.

Deux officiers payeurs.

———

FORMATION D'UNE COMPAGNIE.

—

Capitaine. 1

Lieutenant. . . . . , ... 1

Sous-lieutenans. 2

Sergent - major. 1

Sergens. 4

Sergent fourrier. . . . . ,. 1

Caporaux. 8

Cornets. 2

Soldats. 137

157

—

RÉGIMENT (PERSONNEL.)

———

Seize compagnies, à 157 1/2 (*)
par compagnie . . . .   2,520 h.
État-major.   20
————
2,540 h.

Deux régimens, 5,080 hommes, état-major compris.

OBSERVATION. Les cornets maîtres, au nombre de quatre, dont deux par chaque régiment, montent le chiffre du personnel, état-major compris, à 5,084 hommes.

(*) La 1/2 figure pour les deux armuriers par bataillon.

§. XII.

*Différens points de débarquement sur la côte,
tant à l'est qu'à l'ouest d'Alger.*

Débarquement à l'est par cinq mille hommes, deux pièces de canon et une compagnie d'ouvriers. Le fleuve Serbetes, qui a son embouchure au point Chrub-Ouchrub, à dix lieues est d'Alger, remontant vers Sidi-Amza, et continuant vers l'ouest sous le nom de rivière Bichbech, au-delà du mont Atlas-Minor.

De ce point à Alger sont les petites rivières Merdass, Corsoe, Budouah, Hamise, et enfin celle de Harateh, qui contourne Alger, et dont une des branches vient prendre sa source à environ deux lieues de cette ville, remontant vers le sud et traversant une route d'Alger, qui se dirige vers Magrouah, remonte ensuite vers l'est à Achmoua, et reprend sa direction vers la côte jusqu'à Zuffoune.

Premier point de débarquement à l'ouest, par trois mille hommes. Deux pièces de canon.

A l'ouest, au point Sidi-Feruch (débarquement possible), au moyen d'une ancienne route qui part de ce point, pour faire jonction avec la colonne débarquée à l'est, laquelle après avoir terminé son cours jusqu'à la source d'une des petites rivières qui tombent dans l'Harateh, et qui est à deux lieues d'Alger.

Deuxième point de débarquement à l'ouest, par deux mille hommes. Deux pièces de canon.

Un deuxième débarquement s'opérerait à l'ouest au point de Kubber-Romeah, à treize lieues d'Alger, province de la Mauritanie Césarienne, à quatre lieues de la chaîne de l'Atlas-Minor, offrant une petite rivière qui descend de cette montagne, à laquelle on se trouverait adossé. La communication de cette colonne avec celle de Sidi-Feruch n'offre aucunes difficultés à vaincre.

Les autres corps de l'armée d'expédition formeraient le siége d'Alger, avec la plus grande démonstration possible, pendant le bombardement, pour attirer toute l'attention des Mores et les éloigner de penser aux trois débarquemens qui, par leur réussite, détermineraient le mouvement décisif de l'armée de siége.

Nécessité d'une proclamation aux habitans juifs, dans la langue hébraïque et castillane ; les pousser à la communication de cette proclamation aux habitans musulmans. On leur rappellerait le juste motif de la guerre, la puissance de la France, le désir des Français de les rendre heureux en les tirant de l'état d'abjection et de mépris qu'ont pour eux toutes les grandes nations de l'Europe ; leur garantir la liberté de croyance, et le respect à leurs propriétés et leurs habitudes.

· Les avantages qu'ils trouveront dans la bienveillante et puissante protection des Français leur rendra facile l'obéissance aux réglemens nouveaux auxquels ils seront assujettis. On leur inspirera assez de confiance pour se joindre spontanément à l'armée française comme auxiliaires. Il conviendrait d'exalter l'effectif de l'armée expéditionnaire et de promettre la prochaine arrivée sur cette côte de cinquante mille hommes, qui déjà sont embarqués pour venir joindre l'armée débarquée : promettre de grandes récompenses à qui servira franchement les Français; leur parler d'argent et de richesses. Ce peuple est extrêmement intéressé : vingt piastres dans ce pays sont une fortune, et cet argument est irrésistible pour cette nation.

FIN.